Yhteinen kutsu soi

Näytelmä

Veikko Pulkkinen

Yhteinen kutsu soi

Näytelmä

Johdanto

Nuoren pojan korvat tallensivat muistiin kertomukset kylän miesten ja naisten talvisodasta ja talvisodan evakoista Etelä-Pohjanmaalle.

Vanhempana heräsi halu kirjoittaa näytelmä tarinoitten pohjalta.

Osa näytelmän henkilöistä on elänyt eräällä Kuhmon kylistä.

Henkilöiden nimet on muutettu yksityis-syistä.

Osa henkilöistä on fiktiivisiä.

Korkonimet ovat keksittyjä, tai ovat olleet todellisia.

Näillä eväillä on näytelmä koottu painettuun muotoon.

Näytelmän käsikirjoitus Veikko Pulkkinen

Kirjan taitto Jorma Haverinen

Kannen kuva SA-kuva-arkistosta

© 2022 Veikko Pulkkinen
Taitto: Jorma Haverinen
Kustantaja: BoD - Books on Demand, Nordestedt,
Helsinki, Suomi
Valmistaja: BoD - Books on Demand, Norderstedt, Saksa
ISBN: 978-952-80-6731-3

Yhteinen kutsu soi

Henkilöt:

Kotiniemen perhe:

Matti, talon isäntä

Hilma, talon emäntä

Lapset:

Elvi 18 v

Tauno 16 v

Selma 10 v

Aarne 8 v

Simo 5 v

Vainionpään perhe:

Joona, talon isäntä

Suoma, talon emäntä

Lapset:

Kaarina 20 v

Kosti 18 v

Voitto 16v

Veikko 10 v

Pekka 5 v

Muita henkilöitä:

Nimismies Mauri Kortepuro

Koivuvaaran Heikki

Lautamies Roope

Kyytimies

Ärhä-Muori

Usvan-Nuuskija

Kelekkeä-Ukko

Synkkäilmeinen mies

Sotilaat:

Kapteeni Nurminen

Kersantti Antti Piirainen

Alikersantti Väinö Komulainen

Sotamies Mikko Ängeslevä

Lisäksi joukko tuntemattomia,

sotilaita, evakoita, lottia, suojeluskuntalaisia

ja Vainionpään kylän asukkaita.

Lyhyt alkukohtaus ennen ensimmäistä näytöstä.

Lokakuun alku vuonna 1939. Kelekkeä Ukko seisoo ulkona. Vanhus tarkkailee syksyn säätä ja puhelee itsekseen.

Kelekkeä- Ukko: On satanu paksun lumikerroksen sulaan moahan. Koivussa on vielä täysi lehti ja lumi on jo moassa. Jos vanahat merkit pittää paekkasa niin tänä talavena kuoloo paljo nuorie ihmisie!

Ylimääräisiin kertausharjoituksiin kutsutut reserviläiset harjoittelevat jossakin kaukana metsässä ja ampuvat konekiväärillä lyhyen sarjan. Vanha mies havahtuu ja asettaa kämmenen korvansa taakse paremmin kuullakseen. Nyt konekivääri ampuu pitemmän sarjan.

Kelekkeä-Ukko: Sannoate minun sanonein, jotta siitä vielä ilimat lämpijää,kun tikka nuin kovasti pärisyttää puuta. (Hän ei ole aikaisemmin kuullut konekiväärin ääntä.)

I. Näytös

Marraskuun viimeinen päivä vuonna 1939.
Kotiniemen perhe on kokoonunut ilta-aterialle
pöydän ympärille.

Hilma: Ei ollu meijän uuvella pirtillä siunausta. Heti kun uusi pirtti valamistu, niin alako sota. Muutenni oesi elämä ollu jo paremmalla mallilla. Tänä syksynä sae ensikerran elämässään muutaman kerran syyvä oman pellon leipeä, van ei sekkää ollu hyvän eillä.

Tauno: (kääntyy katsomaan isäänsä) Kun kävit äskön tuolla naapuritaloessa niin tiesikö ne siellä sannoa mikä se on tuo punanen kajo mikä näkyy tuolta itätaevaalta?

Matti: Tiesihän ne. Venäläeset on tänä aamuna tulleet raja yli Kuusijärvessä ja suomalaeset on joutuneit perräytymään niijen eistä. Ne on lähtiissään pistäneit talot palamaan, jotta eivät jeä venäläisten majotustiloeksi. Eihän tästä itäänpäen ou mitää korkeita voaroja. Siinähän on suurie järvenselekie. Näkyyhän se tulipalon kajo hyvinni sieltä asti.

Hilma: Pitääköön tuota meijänni kohta lähteä evakkoon?
Matti: Minä lähen oamulla käymään nimishiehen luona, sehän se tietää pitääkö meijän lähteä ja jos pitää, niin

minne sitä sitten lähetään. Ruvetkoa teällä sillä aekana panemaan tärkeimmie tavaroeta pakettiin.

Hilma: Polttaakoon nuo teällähi talot, jos jouvutaan lähtemään evakkoon?

Matti: Iliman muutahan ne panoo talot palamaan, jos rintama siirtyy tänne asti, eihän ne jätä niitä venäläisille.

Simo: Ethän isä anna polttoa meijän uutta pirttie?

Matti: Ei sillon minun lupoa kysellä, jos rintama tuloo tänne asti.

Tauno: Jos minulla oesi syksyllä metästysaekana ollu millä ostoa oma pyssy, niin perkele minä kyllä kahtosin tulooko venäläenen meijän kartanolle!

Hilma: Tämä se on talo! Olokoonpa sota eli raoha niin yhtään ruokaveroa ei meijän talossa soaha noetumata syyvyksi!

Tauno: Kääpi niin vihaksi kun tuli sota!

Matti: Ei sitä yksi ihminen soassa maha mitää, parempi kun peästäsiin vaen poes soan jalosta.

Selma: Pitääkö siellä evakossa olla miten hienona. Laetanko minä äeti tuon uuven mekon peälle jos jouvutaan lähtemään evakkoon?

Elvi: No hienonapa hyvinni! Paa vaan päälle parasta retonkie mitä talosta löytyy.

Tauno: Ja muista Selma sitten, jotta viimestään Sotkamossa pitää ruveta puhumaan kirjakieltä ja lanttukukolle ei soa sitten haesta yhtää. Muutenhan ne luuloo meitä perukkalaesiksi!

Hilma: Elekeähän siinä viisastella. Paa vaen Selma se uusi hame peällesi jos pitää lähteä. Eihän sitä tänne poltettavaksi kannata jätteä.

Aarne: Justiin saen uuven jousipyssyn valamiiksi. En kyllä heitä sitä tänne. Minä otan sen matkaan, kun lähetään evakkoon!

Matti: Elä ota jousipyssyö mukaan. Nehän ihmiset naoraa sinulle kun näkkööt, jotta vaekka miehellä on ase, niin ensimmäesenä on pitäny lähteä pakoon!

Hilma: Jokoon tuo meijän Väenö on ensimmäesenä päevänä joutunu sotaan?

Matti: Eihän ne vielä ou mitenkää kerinneit. Väenöhän on ollu Oulussa asti. Se on tietysti seleveä, jotta kun sota kerran tuli, niin ei siellä Oulussa kyllä kaovan majaella.

Hilma: Vielä tämänni joutu elämässään näkemään, jotta oma poeka joutu sotaan lähtemmään. Tätäköhän se minun viime kesänen uneni tiesi. Minä en ou ennen kehannu sitä unta kenellekää selevitteä. Minä olin siinä unessa veneissä suuren järven selällä. Se vene oli ihan täönnä ihmisie ja minä ihmettelin itekseni sitä, jotta mitä varten siinä venein keolassa oli Suomen lippu. En kuitenkaa ilinny keltää kysyö sitä, jotta mitä varten ne on laettaneit sen lipun liehumaan siihen venein keolaan.

Siellä järven selällä oli ihan mahoton myrsky. Se myrsky koetti keinuttoa sitä venettä vaekka millä laella, vaen se ei soanu sitä venettä uppoamaan. Siinä veneissä oli paljo nuorie miehie ja niitä hukku, kun ne joutuvat olemaan ihan siinä venein laejalla. Sittä tuli yhtä-äkkie ihan tyyni ja se vene lipu rantaan. Siellä rannassa minä vasta huomasin, jotta meijän Väenöhi on ollu siinä veneissä eikä se ollu hukkunu. Se minuo kuitenni enite kummastutti, kun minä vasta siellä rannassa tulin kahtoneiksi, jotta siitä venein perästä oli sillä laella niinkun vinoon leikattu iso pala poes ja silti se vene oli myrskyssä pysyny pinnalla. Mitähän mahtanoo semmonen uni merkitä.

Matti: Näkööhän niitä unie vaekka minkälaesie.Ei niistä kannata niin välitteä. Sattuu vähä huonossa asennossa nukkumaan, niin sillonhan niitä näköö pahojaa unie. Minä lähen oamulla käömään nimismiehen luona, jotta tiijetään mitä tässä pitää ruveta tekemään. Evakkoon lähtö se on varmasti eissä. Keäriete sillä aekana seinäkello ja kuvaraamattu siihen vanahaan öljykangastakkiin ja viekeä mehtään heinäsuovaan piiloon. Ne on niin paenavie, jotta ei niitä varmasti pystytä ottamaan mukaan.

Seuraavana aamuna nimismiehen kansliassa.

Kanslia on täynnä levottomia ja hätääntyneitä kyselijöitä. Puhelin soi yhtenään, mutta puhelujen lomassa Kuhmon nimismies Mauri Kortepuro yrittää neuvoa ja opastaa kansliassa seisovia asiakkaitaan. Nimismies puhuu parhaillaan puhelimessa:

Nimismies: (painokkaasti) Teidän auto otetaan nyt valtion palvelukseen. Ensimmäinen tehtävänne on mennä noutamaan evakoita Lentiiran suunnalta. Viedä heidät Sotkamoon ja siellä Salmelan kansakoululla olevalle kokoamispaikalle. Lentiiran alueen paikallinen evakuointipäällikkö antaa lisäohjeita siitä, mistä seuraava evakkokuljetus on noudettava, loppu!

Nimismies: (nousee seisomaan) Ja nyt on sitten jokaisen perheen lähdettävä välittömästi evakkoon. Kukaan ei saa jäädä enää hetkeäkään viivyttelemään. Vihollinen on tullut yli rajan!

Koivuvaaran Heikki: (Yllään miehellä on pitkämallinen sarkatakki ja päässä ikivanha karvareuhka, jonka toinen puuhka on repsahtanut alas.) No eikö niitä sitten yritetä vastata väheäkää. Ihanko ne suoraan tulloo tänne kirkolle!

Nimismies: (kyllästyneellä äänellä) Siellä on joka mies vastaamassa, joka vaan kykenee asetta kantamaan, mutta siviliväestön on lähdettävä evakkoon ja kiireesti!

Lautamies-Roope: Onko se ihan pakko lähteä evakkoon? Minä oun ajatellu itekseni, jotta minä mään Liminsärkille piiloon siksi aekoa kun rintama mänöö ohi ja tulen sitten takasi kotiin!

Nimismies: Sinä lähdet evakkoon viimeistään huomisaamuna! Tämä on nimismiehen antama käsky!

Minä en ota vastuulleni sitä, että siviliväestö jää sodan jalkoihin!

Kelekkeä-Ukko: Mihinkä ne elot pannaan kun lähetään evakkoon?

Nimismies: Mitkä elot? (Kelekkeä-Ukko ei ennätä vastata) Jaa. Viljat. Ne saa jäädä kotiin. Työkomppanian miehet kuljettavat niitä hevosilla turvaan sitä mukaa kun ennättävät. Ja sinä Kotiniemen Matti. Saat alkaa kulettaa evakkoon lähtevien perheiden karjaa Sotkamon rautatieasemalle. Senjälkeen sinun on ryhdyttävä ajamaan heiniä ja viljaa pois sotatoimialueelta toisten työvelvollisten mukana.

Matti: Mitenkäs se järjestyy se minun pereen evakkoonlähtö kun ei ou mitään kyytineuvoakaa. Se meijän hevonen kun otettiin armeijan hommiin?

Nimismies: Kyllä se järjestyy. Tehän asutte kauempana rajasta. Sovi tänään sen oman kyläsi kyytimiesten kanssa, milloin he käyvät noutamssa perheesi turvaan. Ensin on saatava turvaan lähempänä rajaa asuvat perheet.

Esirippu

II. Näytös

Kotiniemen talossa evakkoonlähtöaamuna.

Kyytimies: (astuu tupaan) Huomenta!

Kotiniemen väki: Huomenta!

Kyytimies: Joko työ outta valamiina lähtemään. Minä tulin noutamaan teitä heti ensimmäiseksi tänä aamuna.

Matti: Kyllä tässä ollaan valamiina lähtöön, kun kerran jo sovittiin, jotta sinä tulet meille heti oamulla. Outko sattunu kuulemaan mitään sotarintaman tapahtumista. Meillä ratio on jo pakattu matkatavaroijen joukkoon eikä ou kuunneltu tänä aamuna uutisie.

Kyytimies: On ollu viime päivinä niin kiirettä, jotta ei ou joutanut paljo sotauutisia seuroamaan. Senverran minä kuulin, jotta vihollinen on juuri tullu Jyrkänkoskelle! Moskovan radio on kuulema ilimottanu, jotta Neuvostoarmeija on juuri vapauttanu Rastin Kauppalan! Mikä kauppala se nyt semmonen on. Muutama talo siinä tienhaarassa!

Kyytimiehen viimeisen lauseen aikana tupaan ryntää Kelekkeä-Ukko myrskylyhty kädessään.

Kelekkeä-Ukko: (hengästyneenä) Tänä oamuna ratiosta

tuli ilouutinen! Raoha on tullu, eikä evakkoon tarvihe lähteä ollenkaan!

Kyytimies: Mistä sinä semmosen uutisen kuulit. Mitä siellä ratiossa oikein sanottiin?

Kelekkeä-Ukko: No sieltä tuli semmonen uutinen, jotta Suomen entinen hallitus on eronnu ja uusi hallitus on tehny rauhan Venäjän kanssa. Minä kuulin ihan selevästi kun ratiossa sanottiin, jotta kaikille Suomen työläisille aletaan jakamaan maata ja työttömyys lopetetaan kokonaan. Jotahi semmosta sieltä sanottiin kansa, jotta sääjetään kaikkia työläisiä koskeva kaheksantunnin työaikalaki.

Matti: No, Kuusisen hallituksen julistushan se on! Sinähän out ereyksissä kuunnellu Moskovan ratioa! Ei kai tässä sentään vielä ou niin kiirettä, jotta kaivetaanhan ratio vielä tuolta laatikosta ja kuunnellaan aamu-uutistet. Kohta ne sieltä tulloo.

Radio: (Aluksi tulee tilannekatsauksia eri rintamilta, lopuksi uutisten lukija alkaa valaa uutta uskoa sodan järkyttämiin suomalaismieliin.) Oma ilmatorjuntamme on jo ampunut alas kaksikymmentäkahdeksan viholliskonetta.

Matti: Niih, niitä liitäjiä, kun sitä vaen saesi rumpsauteltua alas!

Kyytimies: Ei kuulosta siltä, jotta sota oesi loppunut!

Kelekkeä-Ukko: No ei näy olovan eneä uskomista mihinkään! Minä kun jo ennätin olla hyvilläni, jotta evakkoon ei tarvihe lähteä ollenkaan. Ei näö nykymoalimassa olovan eneä uskomista etes ratioon. (Kelekkeä-Ukko lähtee kävelemään takaisin kotiinsa).

Matti: Miten ne on ihmiset siihen suhtautunu, kun out männy taloesta ihmisie hakemaan evakkoon?

Kyytimies: Kyllä ne on sen käsittäny, jotta pakko se on soan jalosta poes lähteä. Eilen sattu niin sinnikäs ukko joka sano jotta minä en lähe koestani minnekkään. Minä siihen tuumasin, jotta tämä on nimismiehen antama määräys. Sillon emäntä rupesi kokoelemaan kamppeita ja kun ukko näki, jotta eukko rupesi tekemään lähtöä niin sittä se sano itekki, jotta pitää kaet sitä minunni lähteä kun kerran leivän paestajahi näkyy lähtövän!

Matti: Mikäpä se muukaa aottaa kun lähteä, kun kerran sota on syttyny.

Kyytimies: Meillä ei ou aekoa tämän pitempiin puheisiin. Kannetaanhan tavarat rekeen ja lähetään!

Hilma: (tulee viimeisenä ulos ja painaa Kotiniemen oven kiinni) Vieläköhän elämässään soapi nähä sen päevän, jotta soapi aokasta oman koen oven! Sallisi Jumala, jotta soatasiin vielä joskus palata omaan rakkaaseen kotiin.

Aarne: (lyö kämmeniään yhteen ja hyppää ilmaan) Soahaanpahan kohta matkustoa junassa!

Hilma: Elähän typerehä siinä! Siitä on leikki kaukana kun jouvutaan mierontielle lähtemään. Tiijä vielä mihin tässä jouvutaan. (ääni muuttuu itkuiseksi) Missähän siellä Väinö rukkahi päeveä valakasoo?

Kyytimies: Miten se teijän karja. Joko se on viety turvaan?

Matti: Ei vielä. Minä en lähe toisten mukaan evakkoon. Minä jeän kulettamaan omaa ja naapurien karjaa. Nimismies sano, jotta senjäläkeen kun karja on soatu kuletettuo turvaan, niin minun on toisten työvelevollisten kanssa ruvettava ajamaan heiniä pois sotatoimialuveilta.

Hilma: Onko sitä kyytimiehellä tietoa minne asti myö männään hevoskyyvillä?

Kyytimies: On. En minä kyyvihe teitä kun viisi kilometriä. Maantienvarressa Siikarannan talo on valittu evakoijen kokoamispaikaksi. Sieltä linja-aoto tuloo noutamaan teijät joskus iltapäivällä ja viepi Sotkamoon Salmelan kansakorululle. Sitä minäkään en tiijä minne teijät lähetetään sitten sieltä koululta.

Hilma: No, kaetpa nuo sitten siellä Salamelan koululla tiennöö, jotta mihin moaliman paekkaan ne lähtöö meitä kyyvihtemään.

Kyytimies: Jonnekin Pohjanmaalle ne alakaa kulettamaan ihmisiä turvaan soan jalosta. Semmosie huhuja minä oun kuullu.

Esirippu

III. Näytös

Sotkamossa Salmelan Kansakoulun pihalla.

Synkkäilmeinen mies: Peästiinhän sitä lopultahi perille. Koko matkalla tie oli täönnä karjoa ja evakoeta. Näötti välillä jo siltä, jotta linja-auto ei mahu sekaan.

Koivuvaaran Heikki: (Katselee pihalla ympärilleen ja huomaa kuinka lotta kävelee rivakasti pihan yli.) No minnekkä sillä tuommonen kiire on?

Lotta: Kaikki äidit, joilla on lapsia mukana, seuratkaa minua. Kiinnitämme lasten kaulaan nimilaput, että heidät osataan palauttaa äidille takaisin jos he eksyvät omasta perheestään!

Hilma: Tulukoahan lapset minun perässä, niin männään sisälle.

Aarne: Minun kaolaan ei kyllä mitää lappuja laetella!

Hilma: Ouhan vaeti ja tule minun perässä.

Myöhemmin illalla.

Suojeluskuntalainen: (kovalla äänellä) Kokoontukaa ruokakunnittain ryhmiin iltaruokailua varten!

Ärhä-Muori: Mikä se on se ruokakunta?

Hilma: Tulukoahan lapset tänne, niin kokoutaan myö tähän uluko oven lähelle omaksi ryhmäkseen!

Ärhä-Muori: Minä tulen kansa siihen samaan sakkiin. Onkopahan sillä niin välie, missä sitä ite kuhi on?

Selma: Eihän tuota ennen ou meijän ruokakunnassa tuonnäköstä muoria näkyny!

Suojeluskuntalainen: Te vanha nainen siellä. Siirtykää sivummalle omaksi ryhmäksenne!

Ärhä-Muori jää entiselle paikalleen.

Suojeluskuntalainen: Kuulitteko te!

Ärhä-Muori: Niin jotta mitä kuulinko?

Suojeluskuntalainen tarttuu Ärhä-Muoria hihasta ja siirtää hänet hieman sivummalle.

Ärhä-Muori: No jo mäni tämä elämä mallilleen. Kun kuren, kären ja vanahan variksen ijän elää, niin viimein vitun näköö!

Ruokailun jälkeen.

Aarne: Mikä se muka on tämä lappu minun kaulassa!

Hilma: Se on sitä varten, jos lapset sattuu eksymään vanahemmistaan, niin ne osataan palauttoa takasi.

Aarne: Niin van minä en ou eneä mikää lapsi, minä mään ulos nurkan taa ja nakkoan tämän lapun helevettiin!

Hilma: Ei soa noetuo!

Tauno: Soat vielä kotvan syyvä leipeä ennenkun out aekuinen!

Aarne: Katotaanpahan!

Usvan- Nuuskija: Minä kuulin tänä oamuna kirkolla, jotta Amerikka on luvannu lähetteä Suomelle avuksi satatuhatta rautalaevoa ja yheksänkymmentätuhatta lentokonetta. Kunhan se apu millon joutuu perille, niin suomalaiset niittää ryssie niinkun kaislaa!

Synkkäilmeinen mies: (ivallinen ilme kasvoilla) No eihän tässä sitten kuulu olovan mitää häteä!

Tauno: Ketä sieltä nyt on tulossa. Pihalla näkyy olovan joukko nuorie miehie?

Suojeluskuntalainen: Ne on työkomppanian miehiä. He ovat olleet Kuhmossa Saunajärvessä linnoitustöissä, mutta ovat joutuneet lähtemään pois kun venäläiset hyökkäsivät sinne.

Hetkisen kuluttua.

Työkomppanian mies: (kävelee rehvakkaana lattialla) Ei ne venäläiset kuulemma osoa käyvä sotoa ollenkaan. Pojat kerto jotta Saunajärvessä oli Niskan sillalle kokoontunu kolmesataa venäläistä. Suomalaisilla oli ollu sillan alla valamiina tuhannen kilon trotyylipanos. Heti kun venäläiset olivat tulleet sillalle niin suomalaiset oli laukasseet sen panoksen. Siitä oli tullu venäläisille sellanen lähtö, jotta vielä seuraavana päivänähi taevaalta oli satanu kyrvän kappaleita!

Synkkäilmeinen mies: Kyllä nyt pienemmätki puheit riittäsi! Soat olla varma, jotta jos Englanti ja Ranska ei äkkiä tule apuun niin myö ei kauan kyetä tappelemaan venäläisiä vastaan. Venäläisiä on kertakaikkiaan niin paljon, jotta myö ei yksin niille maheta mitään. Siinä ei muuta tarvita kun jokainen venäläinen tuloo Suomen rajalle ja pyllistää persiesä meille pain, niin myö hukutaan paskaan! Minä aenahi rupean levolle. (mies käärii sarkapuseron nyytiksi pään alle ja asettuu makuulle seinän vierustalle.)

Kelekkeä-Ukko: Lieköhän sitä kenelläkää tietoa siitä minekkä meijät mahetaan viijä teältä Sotkamosta?

Koivuvaaran Heikki: Mahtanooko tuota tietä kukaa.

Ärhä-Muori: Ka vieköötpä vaekka Epyktiin kun ei kerran eneä soa kotonaan asuo!

Usvan-Nuuskija: Minä kuulin tuolla ulukona jotta ne on

aekoneet lähettää meijät Ruotsiin!

Kelekkeä-Ukko: Ruohtiinpa hyvinnii! (Vanhuksen kasvoille tulee ovela ilme ja hän kääntyy katsomaan Usvan Nuuskijaa.) Alahan opetella Ruohtin kieltä. (Kaivaa tupakka-askin taskustaan ja paremmin nähdäkseen vie sen niin kauas kuin käsivarsi ulottuu.) Tästä kun alat opetella, Helsinki, Helsingfors!

Kolme vuorokautta myöhemmin.

Suojeluskuntalainen: Siirtykää perhekunnittain ulkona odottavaan linja-autoon. Auto vie evakot rautatieasemalle, evakkojuna lähtee tänä iltana.

Kelekkeä-Ukko: Onko sinulla tietoa, minkä takia tässä koululla jouvuttiin outtamaan näin kauvan?

Suojeluskuntalainen: Nythän on sota käynnissä. Ei minulla mitään varmaa tietoa ole, mutta päivällä kuulin, että Oulusta ovat siirtäneet divisioonan Suomussalmelle. Rautatie on ollut niin ylikuormitettu, ettei sivilijunat ole mahtuneet radalle.

Tauno: Nyt sitä sitten lähetään ensi kerran elämässään matkustamaan junassa.

Koivuvaaran Heikki: (katselee ympärilleen) Ja muistoate sittä kaekki joella on riippamunat. Junan käömälään että soa männä, ne soattaa keäriytyö akselin ympärille ja vielä juna pysähtyy!

Esirippu

IV. Näytös

Ensimmäinen ilta evakkopaikkakunnalla. Kotiniemen evakkoperhe on juuri tuotu rautatieasemalta Vainionpään taloon. He istuvat parhaillaan autiona olleen tuvan suuren takan ympärillä. Takassa loimuaa koivunvarvuista kyhätty tuli. Evakoita on tullut katsomaan myös joukko kyläläisiä.

Hilma: Koettoate lapset lämmitellä käsie tulenloimussa, reissä matkatessa kerkisi tulla kylymä.

Tauno: En minä ou ennen nähny jotta varpuja poltetaan uunissa.

Elvi: Ou hyvilläsi, että on etes jotahi lämmintä!

Simo: Paestaako ne tänäpäevänä leipeä kun pirtin uuni on pantu lämpiemään?

Selma: Ei tämä ou mikää leivinuuni. Takkahan tämä on. Ei tässä soata etes paestoa leipeä!

Simo: Mikä se on se takka? En minä ou ennen nähny semmosta.

Joona: (kävelee lattialla) Mikähän täsä vielä tuloo etehen. Kesällä jo käytihin takavarikoomassa piikkilangat pellolta ja tarkastettiin huoneheet, että paljonkoos mahtuu evaakoita. Ei sitä näköjähän oo enää isäntä omassa talossahan. Kyllä siittä vielä verot nousehen jos tää meno jatkuhun!

Kyläläinen: (piileskelee toisten selän takana) Onkoos ne ryssiä vai suomalaasia?

Toinen kyläläinen: (kuiskaamalla) Puhu hiljempata, nehän kuulehen. On ne ainaski ihan suomalaasen näkösiä!

Hilma: (Joonalle) Minnekkä sitä myö majotutaan?

Joona: Tuo vasemmanpuolimaanen kammari on teittiä varten. Tohon oikenpuolimaisehen kammariin tulehen joku muu perhe, ketä ne sitten lienehen. Siittä minulla ei oo vielä tietuva.

Hilma: Eiköhän se pahin vilu ou jo lähteny. Kannetaan tavarat huoneiseen. Peäsettä lapset levolle rasittavan matkan jäleltä.

Elvi: Pimennysmääräyset on kuulema teällähi voemassa. Myö ei soaha sytytteä valoa lamppuun, ennenkun on laetettu viltti ikkunaan.

Tauno: On Se tämähi touhuo kun Molotovin takia täytyy pimentää ikkunat!

Simo: Minkä tähe Molotovisetä haluvaa olla pimeässä!

Ensimmäinen aamu evakossa.

Hilma: Meillä ei ou teällä omassa huoneessa helloa, jotta voetasiin laettoa ruokoa. Meille on luvattu talosta ruoka. Minä käön hakemassa talon puolelta keittoa tällä astialla, niin peästään syömään.

Kotiniemen lapset ovat kokoontuneet pienen kamarinpöydän ympärille ja Hilma ammentaa keittoa jokaisen edessä olevalle lautaselle.

Aarne: Minä en taho syyvä semmosta pottumaitoa jossa on kaloja!

Elvi: (korottaa hiukan ääntään) Ei tämä ole mitään pottumaitoa, tämähän on maitoon keitettyä kalakeittoa! Syö pois, ihan hyväähän tämä on!

Tauno: (ihmeissään) Minkä helevetin tähe siinä on reikä tuossa leivän keskellä?

Hilma: Ei soa kirota jumalanviljoa!

Elvi: Reikäleipähän se on, etkö sinä muka ennen ole nähny reikäleipää?

Aarne: Eikö niillä teällä ou höppövoeta ollenkaa. Aenaako ne syöpi punasta voeta?

Hilma: Niillä on teällä isot karjat ja paremmat heinämoat kun meillä, ei niijen tarvihe syyvä höppövoeta ollenkaa!

Selma: Oesippa lanttukukkoa!

Hilma: Ei meillä ou tässä huoneessa semmosta uunie, jotta kyettäsiin paestamaan lanttukukkoja.

Elvi: Myö sitä ollaan perukkalaesia, kun ei osata muuta syyvä kun perunamaetoa ja lanttukukkoa!

Tauno: Ne on varmaanni rikkaeta tässä talossa, kun niillä näkyy olovan kaksi asunrakennusta. Ite asuut tuolla uuvemmassa ja komeamassa rakennuksessa ja tämä on joutanu evakkojen käöttöön.

Elvi: Ihan hyvä rakennushan tuo on tämähi. Mikä tässä on asuissa?

Hilma: Ei mikään. Soahaan olla ihan kiitollisie kun ei tarvihe asuo muijen kansa samassa huoneessa.Sanovat äskön kun kävin hakemassa keittoa, jotta tämä meijän asuttama rakennus on ollu talavet kylymillään ja kesällä tässä majaeloo talon rengit ja piiat.

Aterian jälkeen.

Hilma: Nyt kun outta syöny, niin mänkeä ulos leikkimään. Jospa siellä ulukona oesi tämän kylän lapsie. Alakasitta vähitellen tutustuo heihin ei oesi sitten niin ikävä uuvessa olinpaikassa.

Ulkona leikkimässä.

Veikko: (Aarnelle) Oottakos te ryssiä vai suomalaasia?

Aarne: Ja perkele! Minä en ou mikää ryssä vaan kuhmolainen! Mikä sitä sinä sitten muka luulet olevasi!

Veikko: Äläs ny täsä alakas sajattahan. Enhän mä tiänny kuka sä oot.

Aarne: Täsä sajattahan. Mitä sinä oekeen tarkotat? Etkö sinä osoa puhuo?

Veikko: Kiroilemista mää tarkootin. Miksi sitä sitten sielä teillä sanotahan?

Aarne: Noitumistahan se on, eikä mitää sajattamista.

Simo: (juoksee sisälle äitinsä luo) Aarne noetuu ulukona!

Simo menee takaisin ulos. Suoma lakaisee parhaillaan päärakennuksen rappuja. Simo juoksee hänen luo.

Simo: Aarne alakas sajattamahan!

Pekka: (Simolle) Lähetähän navetan taa mäkehen. Minulla on oma kelkkaki.

Simo: Lähetähän mäkehen! (huutaa Selmalle) Sano äitille, jotta minä oun männy Pekan kansa mäelaskuun!

Tauno: (Kostille) Montako teitä on kaekkijaan?

Kosti: Kuus lasta meittiä oon. Vanhin velipoika on jo

sovas. Isäukko on sellanen omalaatuinen. Ei se käsittähän sitä, että nyt ollahan sovas. Se on vihamielinen evakoitaki kohtahan. Ei se ymmärrä, että pakko on toisten ollu lähtehen sotaa pakohon. Ei siittä tartte välittähän mitähän. Äetee meillä on ihan erilaane. Hää ymmärtää evakoitten kohtalon.

Sisällä.

Aarne: Onko ne ihmiset teälläpäen ihan pöljie, kun ne puhuu nuin omituisesti?

Hilma: (toruu) Mitäpähän ne on sen pöljempie kun muuallakaa. Joka paekkakunnallahan se on oma puhetapasa.

Elvi: Myöhän sitä ollaan semmosie pöljie ja mehtäläisie kun ei olla ikinään missään käyty!

Myöhemmin päivällä.

Suoma: (Hilmalle) Onko sinun äijä sovas, kun ei oon mukana täälä evakoss?

Hilma: Ei se Matti eneä sotaan kelevannu, kun on jo niin vanaha. Se on työkomppaniassa. Vanahin poeka joutu kyllä lähtemään sotaan. Se oli ensin Oulussa kertaosharjotuksissa. En tiijä sitä minnekä ne on sitten sieltä Oulusta joutuneit lähtemään. Ei se kerinny sotaväen jäläkeen olla kun muutaman kuukaoven kotona kun piti lähteä uuvelleen armeijaan.

Suoma: Vanhin poika se meiltäkin on jo sovas. Vajaan vuujen kerkes olla sivilis ko joutu uuvellen lähtehen armeijahan. Äijää ei enää ijän vuoksi huolittu sotahan. Äijä on katkera siittä ko meille joututtihin ottaan evaakoita. Ei siittä tartte välittähän mitään. Joka talohon täälläpäin on tullu evaakoita.

Hilma: Kaikillahan meillä on omat tapasa. Mitäpä tässä aottaa välitteä. Pakkohan sieltä soan jalosta oli jonnekki lähteä.

Suoma: Kyllä mää sen hyvin ymmärrän. Äijä vaan ei oikehen jaksa sitä käsittähän, että suuremmista asijoosta nyt kysymys.

Hilma: Sitä tässä soapi kaekkein eniten pelätä, jotta mitä siellä sotarintamalla sattuu. Siitä meillä on yhteinen huoli niin minulla kun sinullahi.

Suoma: Sanoos muuta. Ei se oma poika jää koskahan pois mielestä. Aina täytyhyn pelätä mitä hänelle sattuhun siellä sovas.

Samana päivänä Vainionpään päärakennuksessa.

Joona: Tällä menoolla evakoot syövät talon tyhyjäksi!

Suoma: Eihän meittillä oo ruuvasta mitään puutetta ja met saahaan valtiolta korvaus evakkojen ylläpijosta.

Joona: Niin mut piharakennuksen lämmityksehen kuluu palajoon halkoja. Kaikki mettät häätyy hakkatta haloks evaakkojen takia!

Kaarina: Ajattelisit isä vähän enemmän. Kyllä nyt muutama halkopino on kaitanen asia. Suuremmat asiat nyt on kyseessä. Toiset on rintamalla jatkuvassa kuolemanvaarassa ja meillä vaan puhutaan jostakin halkopinosta! Yhteisen isänmaan kohtalosta nyt on kysymys, eikä mistään halkopinosta.

Joona: Eihän sota mun syytä oo!

Kosti: No ei se sota kyllä oo evaakkojenkahan syytä. Pakko niitten on ollut kotoaan lähteä pois sovan jaloista.

Kaarina: Mitähän isä sitten sanoisi, jos me olis jouvuttu lähtemään evakkoon.

Suoma: Meittin isä nyt on se mikä on!

Esirippu

V. Näytös

Kotiniemen vanhin poika alikersantti Väinö Komulainen on ryhmänjohtajana kapteeni Nurmisen komppaniassa. Ryhmä on koottu kainuulaisista reserviläisistä. Mukana on ainoastaan yksi Kainuun ulkopuolelta oleva mies, pohjanmaalainen Mikko Ängeslevä. Joukkueenjohtajana Väinöllä on kuhmolainen kersantti Antti Piirainen. Komppania on koolla tiheän kuusimetsän suojassa. Komppanian päällikkö selostaa parhaillaan tilannetta joukoilleen.

Kapteeni Nurminen: Edessämme on laaja suo. Vihollisen tukikohta on välittömästi suon takana olevalla matalalla kukkulalla, joka on osa Luelahden mottialuetta. Tiedustelun mukaan tukikohta on varustettu kolmella maahan kaivetulla pesäkkeellä. Kranaatinheittimet ampuvat lyhyen tuli-iskun kukkulalle. Tulivalmistelun jälkeen lähdemme liikkeelle tasan kello yhdeksän. Joudumme hyökkäämään kukkulalle aavan suon yli. Hyökkäävien joukkojen suojaksi ammutaan savupatruunoilla tiheä savuverho vihollisen harhauttamiseksi. Onko kenelläkään kysyttävää?

Komppania: Ei ole!

Klo 9.00

Kapteeni Nurminen: Komppaniaa! Lyhyinä syöksyinä eteenpäin!

Myöhemmin päivällä suon keskivaiheilla.

Kapteeni Nurminen: Varokaa! Voimakas tuulenpuuska kuljettaa savuverhon pois suolta. Vihollisen konekiväärit on toimintakunnossa. Ne ei ole vaurioituneet kranaattikeskityksessä. Suorasuuntaustykki ampuu meitä viereiseltä kukkulalta. Yrittäkää ryömimällä eteenpäin!

Kersantti Antti Piirainen: (omalle joukkueelle) Yritetään päästä lähemmäs pesäkettä. Jos onnistuttasiin se kasapanoksella räjäyttämään!

Väinö: (omalle ryhmälle) Syöksytään yksi kerrallaan. Toiset antaa tulitukea silläaikana!

Mikko Ängeslevä: Tulittakaa toiset. Minä yritän päästä tuonne mättään taa lähemmäs punkkeria. (Juuri kun hän on hyppäämässä mättään taa, lähellä räjähtää vihollisen kranaatti ja Ängeslevä kaatuu tajutonna maahan.)

Sotamies: Minä yritän saaha Mikon pois tuolta edestä.

Väinö: Älä nouse ylös. Me ollaan suoraan konekiväärin ampumalinjalla, se on huomannu meijät.

Kapteeni Nurminen: Ei me päästä eteenpäin. Hyökkäys joudutaan keskeyttämään. Suolle ammutaan uusi savuverho. Koittakaa ryömiä savun suojassa pois suolta!

Joukot ovat poistuneet suolta ja lyhyt talvipäivä alkaa hämärtää. Ängeslevä tulee vähitellen tajuihinsa. Maatessaan liikuntakyvyttömänä suolla Ängeslevä kuulee sisimmässään äänen, joka tuntuu tulevan jostakin kaukaisuudesta:

Sotamies Mikko Ängeslevä! Kuuntele mitä minä sanon! Minä olen kuolema ja puhun nyt sinulle. Ei minua tarvitse pelätä. Ei sodassa voi kukaan välttää kohtaloaan. Pidä tämä mielessäsi, niin voit säilyttää mielenrauhasi. On tullut pimeys ja yö ja sinä olet haavoittunut liikuntakyvyttömäksi. Jos sinua ei heti tulla auttamaan niin viimeistään tänä yönä, kylmyys ja verenhukka tekevät tehtävänsä ja minun velvollisuuteni on tulla noutamaan sinua. Siinä tapauksessa sinä olet huomisaamuna jäätynyt ruumis. Muistat varmasti Suomussalmen taistelut. Siellä oli jäätyneitä ruumiita vaikka kuinka paljon. Muodottomiin asentoihin jäätyneet vainajat oli kamalaa katseltavaa. Sinä voit vielä itsekin vaikuttaa siihen, että jäätyneenäkin sinun ruumiisi mahtuu arkkuun. Aseta kätesi rinnan päälle aivan kuten pienenä lapsena illalla vuoteessa kun äiti luki iltarukouksen: (Ängeslevä nostaa kätensä rinnan päälle ja ääni muuttuu naisen ääneksi.) Levolle lasken luojani, armias ole suojani, jos sijaltaan en nousisi, taivaaseen ota tykösi.

Alikersantti Väinö Komulaisen ryhmä on koolla suon reunassa suuren maakiven takana olevassa syvennyksessä.

Sotamies: Tämä oli raskas päivä meijän ryhmälle. Kaksi miestä kaatu ja yksi haavottu.

Väinö: Toinen kyllä kaatu varmasti, mutta Ängeslevän kohtalosta minä en ole ihan varma miten hänelle kävi. Varmasti Ängeslevä haavottui vakavasti, mutta kuoliko hän. Sitä ei pystynyt tarkistamaan, kun mies jäi niin pahaan paikkaan.

Sotamies: Miten sille haavottuneele kävi?

Väinö: Hän sai kiväärin luodin käsivarteensa. Se luoti osu ensin kiväärin lukkoon ja siitä kirposi käsivarteen. Kyllä minä tarkistin, että hän pääsi omin avuin joukkosidontapaikalle.

Sotamies: Mitenkähän siitä Ängeslevän kohtalosta saisi varmuuven?

Väinö: Yö on kohta tulossa: Taivaalta tippuu ainakin muutamia lumihiutaleita. Se on varma merkki siitä, että taivas pysyy pilvessä ainakin muutaman tunnin. Vahtikaa tässä, että vihollinen ei pääse pimeän turvin yllättämään teitä, niin minä lähen ryömimään joukkueenjohtajan luo. Jos hän antaa luvan, niin minä käyn suolla tarkistamassa miten Ängeslevälle kävi.

Sotamies: Eikö sinne pitäisi lähteä useampi mies? Minä ainakin olen valmis lähtemään.

Väinö: Ei se onnistu! Mitä useampi mies, sitä helpommin venäläiset huomaavat sen. Minä lähen yksin jos Antti antaa luvan.

Sotamies: Mitähän se Piirainen mahtaa sinulle sanoa?

Väinö: Anttihan on minun kotikylän miehie. Kyllä minä hänen kanssa tulen toimeen.

Väinö Komulainen ryömii kersantti Antti Piiraisen luo.

Väinö: Annatko sinä minulle luvan, jos käyn suolla tarkistamassa onko Ängeslevä elossa? Minulle jäi vähän sellainen tunne, että hän ei ainakaan heti kuollut siitä kranaatista.

Antti: Entäpä jos sinulle käy huonosti? Minä kyllä oletan, että Ängeslevä on kuollut. Ei ainakaan avunhuutoja ole kuulunut.

Väinö: Niin, mutta entäpä jos hän on tajuton eikä pysty huutamaan? Jos annat luvan, niin minä käyn tarkistamassa asian. Jos sattuu, etten palaa, niin minun puolesta voit sanoa esimiehillesi, että minä olen lähtenyt ilman lupaa suolle.

Antti: Ei nyt sentään. Kyllä minä oman vastuuni kannan. Oikeastaan minun velvollisuuteni olisi lähteä tälle reisulle.

Väinö: Ei! Sinun on vastattava koko joukkueesta. Mutta minä en ota omalletunnolleni sitä, että en tarkistaisi miten Ängeslevälle kävi. Minä lähen, enkä ota ketään toista kaveriksi näin vaaralliselle reissulle!

Komulainen alkaa ryömiä komppanian päivällä perääntyessään tekemiä ryömimisuria pitkin kohti suon keskustaa. Päästyään Ängeslevän luo Komulainen ottaa rukkasen kädestään ja koskettaa paljaalla kädellä haavoittuneen poskea.

Väinö: (hiljaa) Poski tuntuu ainakin lämpimältä. Oletko sinä tajuissasi?

Mikko: Olen mina. Väinökö sinä olet! Minä jo luulin, että sieltä on tulossa vihollisen tunnustelija. Takin oikeanpuoleisessa rintataskussa on minun kotiosoitteeni. Ota se mukaasi ja jos voit niin kirjoita joskus kotiväelleni. Kirjoita niin, että minä kuolin heti enkä joutunut yhtään kärsimään!

Väinö: En minä sinua tänne jätä. Yhdessä me täältä suolta pois lähdemme! Jos voit, niin yritä pitää päätä hiukan ylhäällä. Minä ryömin takaperin ja vedän samalla sinua kainaloista niin kauan kunnes päästään metsän suojaan.

Metsässä.

Väinö: (sotamiehelle) Käy hakemassa lääkintämiehet

sitomaan haavoja, minä annan sillä aikana lämmintä vettä Ängeslevälle.

Sotamies: Ne on tuossa lähellä kuusikossa, minä käyn ne hakemassa. **Hetkistä myöhemmin.**

Lääkintämies: (sitoo parhaillaan Mikon haavoja) Minä yritän saaha verenvuotoa tyrehtymään näillä siteillä. Kyllä ne sitten Riienivan joukkosidontapaikalla, tai Kipinän kenttäsairaalassa sitoo paremmin. Nyt kun on pimeä yö, eikä ole pelkoa lentokoneista niin saattaa olla, että ne vie sinut vielä tänä yönä Kajaaniin sotasairaalaan.

Väinö: Jos sota loppuu ja minä selviän täältä elävänä, niin tulen joskus sinua tervehtimään!

Mikko: Kiitos sinulle ja koeta pärjätä jotenkin. Jos eletään niin nähdään.

Väinö: Kyllä minulla nyt on parempi olla, kun epätietosuus sinun kohtalosta ei vaivaa enää. Näkemiin!

Mikko: Näkemiin!

Esirippu

VI. Näytös

Helmikuun alkupäivinä joukko evakkoja kohtaa toisensa Vainionpään kartanolla.

Synkkäilmeinen mies: Kaovan se on varjeleutunna, jotta ei tämän kylän evakoelle tai kyläläeisille ou sotarintamalta tullu mitää pahoja uutisie.

Hilma: Sanoppa muuta! Jumaloa soahaa kiitteä siinä asiessa.

Ärhä-Muori: Onko ne Hiliman lapset ollu kuummeissa?

Hilma: Eihän nuo aenakaa vielä ou saerastanu. En tiijä sitten miten kauvan meillä riittänöö varjelusta.

Ärhä- Muori: Tuolla missä minä asun, ei viikkoon ou paljo nukuttu. Tietäähän tuon, kun samassa pirtissä on monta perettä ja kaekki lapset on kuummeissa. Tänähi oamuna kantovat yhen lapsen lakanalla riiheen. Viimestään huomisoamuna on toas sama homma eissä. En minä ou äetilleen soanu sitä sanotuksi, vaekka kyllä se vanaha ihminen kuoleman merkit tuntoo. Kun nenän peä mänöö valakeaksi, eikä silimät liiku eneä peässä, niin kuolema se on sillon tulossa. Ei se lapsiraokka neä eneä huomisoamuo.

Hilma: Muutenhan se meillä on vielä männy hyvästi,

minkä nyt tuon talon isännän kansa on ollu sanaharkkoa. Se kun ei oekeen tykkeä evakoesta. Vaekka niinhän sitä kyllä sanotaan, jotta ei se luoja paa niin suurta taakkoa, jotta sitä ei ihminen jaksa kantoa. Eikähän sitä oekeen tämmösistä asijoesta kannattasi valittoa. Pitäsi olla kiitollinen, kun kerran lapset on soanu olla terveinä.

Ilmahälytyssireeni alkaa ulvoa jossakin kauenpana.

Suojeluskuntalainen: (Tulee ulos kylän puhelinkeskuksesta ja huutelee kylää halkovalla tiellä.) Ilmahälytys! Suojautukaa, vihollisen pommikoneita tulossa! Juoskaa metsään suojaan!

Synkkäilmeinen mies: Tämä tästä vielä puuttu. Juostaan mehtään.

Hilma: Minä käön sisällä sanomassa, jotta pitää männä mehtään.

Ärhä-Muori: (Lähtee juosta köpittämään, mutta jalat menevät voimattomaksi ja hän kaatuu nenälleen maahan. Hän tähyilee taivaalle ja puhuu ikäänkuin lentokoneille.) Kehtoattahi hätyytellä vanahoa ihmistä. Ihan niinkun minä oesin kummempihi pahantekie. Pommita! Minä en lähe minnekää. Työnnä persesuolesihi ulos, jotta ei jeä mieltä vaevoamaan!

Tauno: (juostessaan) Suotta myö eneä juostaan

minnekkää! Koneijen eäni heikkenöö koko aejan. Nenehän on männy jo ohi.

Synkkäilmeinen mies: Senverran kaovempoa ne mäni, jotta ei ne ihan näkyville tullu. Kokkoloa vae Vaasoako lie männeit pommittamaan.

Kosti: Merenrannan sataamia ne kuuleman mukahan pyrkivät pommittahan. Ootetaan niinkauan, kunnes tulohon vaara ohi merkki ja lähetähän sitten kotio.

Saman päivän iltana Vainionpään päärakennuksessa.

Kaarina: (hän on käynyt noutamassa päivän postin) Postilla joku tiesi kertoa, että kolme tämän kylän miestä on haavottunut rintamalla. Äitille on kirje, eikä se ole kirjotettu velipojan käsialalla!

Suoma: (istuu sängylle) Lue sinä Kosti se kirje. Minulla tekehen niin huonuva, kun kuulin tuollaasia uutisa.

Kosti: (avaa kirjeen) Rakas kotiväki! Minä olen nyt sotasairaalassa, enkä pysty vielä itse kirjoittamaan. Minulle on tehty leikkaus, enkä ole vielä kunnolla selvinnyt eetterin vaikutuksesta. Haavotuin rintamalla ja minut tuotiin noin vuorokausi sitten tänne sairaalaan. Hoitajat herätteli minut äsken ja lääkäri kävi sanomassa, että kyllä sinä tästä vielä selviydyt elämään. Kova kuume minulla on ja muutenkin tuntuu olevan heikkous, sillä minä olen menettänyt paljon verta. Älkää silti olko kotona huolissanne. Kyllä täältä ilmotetaan, jos jotahi sattuu. Jos minä joskus pystyn vielä itse kirjottamaan, niin kerron sitten tarkemmin haavoittumisestani. Voikaat hyvin siellä kotona!

Suoma: Voi hyvä Jumala sitä kirjeettä! Pahaa tekee kun aattelee mitä pojalle on sattuhun.

Joona: Tämä täsä vielä puuttuhun! Meillä riittähän tänä talaveena vastoonkäymisiä. Poika haavottuhun ja evaakot vielä annettihin meittin riesaksi.

Hilma: (On talon keittiössä tiskaamassa omia ruoka-astioita ja alkaa itkeä.) Ei se teijän poejan haavottuminen ou ainakaan meijän syytä. Siellä se soassa on minunni poeka koko talaven ollu, eikä koskaa eiltäkäsin tiijä mitä siellä sattuu!

Suoma: (alkaa myös itkeä) Voi hyvä Jumala tuota Joonaa! Tällaasta sattuhun ja sä jaksat valittahan evaakoista. Yhtä hyvin siellä oon evakkojenkin miehet ja pojaat puolustamassa yhteistä isänmmaata. Älä sää Hilma välittähän mittään meittin ukosta.

Kaarina: Niin ja ollaanko enää turvassa täälläkään. Pommikoneita jo lentelee. Sama hätä meillä on kohta evakkojen kanssa.

Maaliskuun kolmastoista päivä. Joukko kyläläisiä ja evakoita on kokoontunut Vainionpään päärakennuksen tupaan kuuntelemaan radiota.

Ministeri Väinö Tanner: Rauha on siis maahan palannut. Mutta minkälainen rauha. Tämän jälkeen maamme joutuu jatkamaan elämäänsä silvottuna. Sen vanhat rajat on siirretty. Elintärkeitä alueita joudutaan luovuttamaan, mm. tärkeitä teollisuus- ja maanviljelyalueita. Luovutettavilla alueilla asunut väestö joutuu hakemaan itselleen uusia asuinsijoja muualta Suomesta Vastaiset puolustusmahdollisuudet heikkenevät. Kuitenkin on rauha hallituksen mielestä parempi, kuin epävarma sodan jatkaminen. Suomi nousee nopeasti uudelleen elinvoimaiseksi maaksi ja sen kansa tulee toimeen kuten ennenkin. Maata on meillä riittävästi. Työmahdollisuuksia on rajattomasti ja armeijamme on koskemattomana. Se voi valvoa, ettei rauhaamme tulevaisuudessa häiritä.

Synkkäilmeinen mies: Peästäänköön tuota myö millonkaa takasi kotiin? Mistä mahtanoo ne uuvet rajat kulukea?

Kelekkeä-Ukko: Ka eihän se kyllä se Hankoniemi ja Petsamo ou siellä meilläpäen, vaen mikä lie se Uuvenkaupungin raja josta se ministerihi tuntu puhuvan. (kääntyy katsomaan nuoriin päin) Tietääkö ne nämä kouluja kööneet nuoret, mikä se on se Uuvenkaupungin raja?

Kaarina: Jos se ministeri tarkoitti sitä Uudenkaupungin rauhan rajaa, mikä on kansakoulun kirjoissa, niin se on kyllä Karjalassa pain, eikä siellä Kuhmossa.

Kosti: Sitä mieltä täsä minäki oon. Kyllä varmahan siittä tulehen vielä lisätietua, misä päin ne uuvet rajat kulukehehen.

Hilma: Jospa se Luoja meistä jotenni huolen pitää niinku tähänni asti. Saesi vaen varmuuven siitä, onko siellä Väenö onnistunu peäsä säelyttämään loppuun asti.

Elvi: Kyllä sieltä varmasti Väinö heti kirjottaa, jos on elossa.

Eräänä huhtikuun päivänä.

Elvi: (katsoo ulos ikkunasta) Meijän Väinö seisoo ulkona ja ja kyselee Kostilta jotahi. Väinö on päässy lomalle! Minä lähen neuvomaan. Se ei varmaan tiijä missä myö asutaan.

Pienen hetken perästä sisällä.

Väinö: Päivää kotiväelle!

Kotiniemen väki: No päeveä. Sinä out peässy lomalle!

Väinö: Minä sain komennuksen Suomussalmelle. Antovat viikon loman, että saan käyvä katsomassa kotiväkeni ennen Suomussalmelle lähtöä. Isä-Matti taetaa olla vielä siellä työpalaveluksessa?

Hilma: Niin on. Sotkamosta se viimeksi kirjotti kotiväelle. Sinä out ensimmäenen rintamamies, joka on tullu lomalle tällä kylällä.

Väinö: Kyllä sieltä kohta tulee muitahi. Minä pääsin sillä näin heti, kun tuli lähtö sinne Suomussalmelle.

Hilma: Meillä sitä on ollu varjelusta tämän talaven aikana, vaekka aenaa on soanu pelätä pahinta. Sinä onnistut siellä soassa peäsi säilyttämään ja myö on teällä oltu koko aejan terveitä. Muuta riesoa meillä ei itellä ou teällä koko talavena ollu, kun tuo talon Joona isäntä se ei näötä oekeen evakkoja suvahtovan. Vaekka ei sitä pitäsi niin vähäsistä asijoesta valittoa, kun sinä tulit terveinä takasi eikä lapsetkaa ou teällä saerastellu.

Väinö: Niin.

Myös joukko muita evakoita ja kyläläisiä saapuu Väinöä tervehtimään.

Kelekkeä-Ukko: Liekö miten monta kuhmolaesta menettäny peäsä tämän talaven aekana?

Väinö: Siitä minulle ei ole mitään tarkkaa tietoa. Varmasti monta.

Aarne: Pitikö soassa ampuo miten monta kertoa?

Väinö: (välinpitämättömästi) Piti ampuo monta kertoa!

Tauno: Pelottaako siellä soassa millonkaa?

Väinö: Pelottaa.

Tauno: Minkälaesta se sota oekeen on?

Väinö: Ei paljon minkäänlaesta!

Kyläläinen: (innostuneesti) Mitä siinä oliis tapahtuhun, jos ryssien juoksuhautahan oliis heittäny yhen käsiranaatin?

Väinö: (kyllästyneellä äänellä) Sieltä olisi lentänyt kaksi takasin!

Toinen kyläläinen: Naapurin miäs oon kuuleman mukahan ampunut yhtehen kasahan kaheksaantoita ryssää. Laskitko sää montako ryssää sää amusit eniten samahan paikkahan?

Väinö: En. Minun piti yrittää pitää silmällä niitä elossa olevia.

Evakko: Haesooko ne ryssät miten pahalle?

Väinö: En tiijä. Jäätyneet ruumiit tuskin haisee paljon millekkään, eikä eläviä kärsinyt mennä nuuskimaan.

Kelekkeä-Ukko: Jouvutko sinä Väenö siellä soassa olemaan ihan etuniljassa?

Väinö: Ei toki siellä monessakaan paikassa edes ollu muuta kun etulinja. Loppuaikoina etulinjassahi ketju oli liian harva, kun miehiä oli niin vähän enää jäljellä. Minulla on semmonen käsitys, että tuskin venäläiset etes tiesivät miten heikko miehitys meillä viimeisinä sotaviikkoina oli.

Kelekkeä-Ukko: Kerkisitkö sinä sotie miten monessa paekassa tämän talaven aekana?

Väinö: YH:n aekana myö majaeltiin Oulun seutuvilla. Sitten kun sota alko, meijät siirrettiin Suomussalmelle. Tammikuulla tultiin sitten Kuhmon Luelahteen ja sielläpä se muuten menihi rauhantuloon asti, mitä nyt välillä sen hiitoprikaatin kanssa kahinoitiin useammassahi paikassa.

Kelekkeä-Ukko: Sinähän se varmaanni tiijät niistähi raohanneuvotteluista, kun out ollu siellä soassa. Minun rätingissä kun mänöö, jotta Kuhmon Kuusamonkylältähi sitä jouvutaan moata luovuttamaan venäläisille. Mitä sinä out mieltä onko se niin?

Väinö: Ei se ole totta. Mitä minä olen sattunut sanomalehtiä näkemään, niin ei ne alueluovutukset koske Kuhmon Kuusamonkylää. Pohjoisessa Kuusamon ja Sallan kohalta sitä on jouduttu rauhansopimuksen mukaan luovuttamaan maata venäläisille.

Usvan-Nuuskija: Minähi sitä jouvun talavella lähtemään rintamalle, vaan peäsin senjäläkeen poes kun haavotun. Hernekeittoa myö siellä syötiin. Siellä oli kovat paekat! Tykin ammus tulla tupsahti parin metrin peähän ja minä lennin siitä aenaki kymmenen metrin peähän. Vaen kun oli pehmyt lumi, niin en siitä ilimalennosta pahemmin loukkautunu. Sirpale mäni mahasta läpi. (Hän paljastaa mahansa ja näyttää sormellaan.) Täsä se mäni ja teältä toeselta puolen tuli ulos. Suolet sijon jalakarätin mutkaan ja sitten konttasin lääkintämiesten luo. Siihen loppu minun sota. (hän näyttää vyötään) Tämä on sen venäläisen eversti Dolinin vyö. Minä ajattelin jotta joutaa ottoa poes. Mitäpä se sillä eneä teköö, kun minä kerkesin sen äejän jo ampuo.

Seuraavana aamuna.

Hilma: Liekköhän se Usvan-Nuuskija tosissaan ollu rintamalla, kun se talavella oli teältä muutamie viikkoja poes?

Väinö: Mitä sitä tyhjää! Eihän ne kelpuuttanu sitä edes sotapalvelukseen. Nehän hylkäsivät sen jo kutsunnassa. Minähän olin siellä samanaikaisesti. Sotkamossahan se on ollu työpalveluksessa. Isä-Matti kirjotti minulle sinne rintamalle ja siinä kirjeessä oli, että Usvan-Nuuskijahi oli jonkun aikaa samassa työporukassa. Vaan pomo hermostu ja laetto sen poes, kun se ei kehannu tehä mitään!

Hilma: Mistä sillä sitten on niitä arpie mahassa?

Väinö: Nehän on ajoksen jättämiä arpia. Sehän kerran kirkolla näytteli minulle niitä, vaan se ei muistanu sitä tapausta enää. Jos sirpale olisi menny mahasta läpi, niin tuskinpa se enää suutaan soittaisi!

Hilma: Mistä se sitten lie soanu sen venäläesen vyön?

Väinö: Suomalainen sotilasvyöhän tuo näky olevan. Mistä lie sen varastanu!

Tauno: Lähetkö Väinö kaveriksi, niin nostetaan kaivosta saavillinen vettä ja kannetaan se talon keittiöön? Meillä on ollu semmonen tapa, jotta myö on auteltu talonväkeä kaikissa tämmösissä pikku askareissa.

Väinö: No se komennus on kyllä minulle enemmän kuin mieleinen. Minulla haluttaisi pistäytyä tuolla talonväen puolella. Minä olen eilisillasta lähtien miettiny yhtä asiaa ja uskon, että sillä reissulla minä ehkä saisin jotaki varmuutta siihen asiaan.

Tauno ja Väinö kantavat vesisaavin keittiöön.

Tauno: Nostetaan tämä vesisaavi tuohon hellan viereen alustalle.

Suoma: Kiitoos avustaanne! Sotilas on näköjähän päässy lomaalle. Onko pitkääkin loma?

Väinö: (katselee piirongin päällä olevia valokuvia) Viikon verran antoivat lomaa!

Suoma: Se sotilaspukuunen mies siinä kuvasa on meittin vanhiin poika. Mikko haavottus talaveella Kuhumoon rintamalla ja on siitä saakka ollu sotasairaalasa.

Väinö: (Väinö huomaa, että piirongin päällä on valokuva sotilaspukuisesta Mikko Ängeslevästä. Mikko on siis tämän talon vanhin poika!) Onko teillä tietoa miten hyvin Mikon parantuminen on edistynyt?

Suoma: On hään kirjootellu aika usein kotihin. Vaikka alkuhun pelkäsimmä pahinta, niin viime kirjeheessä hään kertoos liikkuvaansa jo kainalosauvojen avuulla. Hään ilimootti jo pääseväänsä kotilomaalle. Hään sanoos tulevaansa huomisesa päiväjunasa. Isä menehen hakemahan häneet asemaalta hevoosella. Mikon haavottumineen on ollu meittille hyvin raskaas koettelemuus. Kyllä vaan minuun miältääni lämmittähän, koskaas kuuleen sotilahan oleevan kiinnostunu poikaani voinnista. Tule huomisiltaana meittille, niin saat nähhä poikaani ja voitte vaihtahan keskenäänne sotakuulumisija.

Väinö: Tulen toki mielelläni tapaamaan poikaanne.

Evakkojen kamarissa.

Hilma: Mikä se oli se asie, jonka Väinö sano selevievän tuolla talonväen puolella? Selevisikö se siellä käyvessä?

Väinö: Kyllä se selvisi. Tämän talon vanhin poika Mikko oli minun kanssa samassa ryhmässä niin kauan kun haavoittui siellä Luelahessa. Mikko haavoittui hyökkäyksessä ja jäi linjojen väliin aukealle suolle. Minä kävin sen sitten hakemassa pois kun tuli niin pimeätä, että venäläiset eivät enää nähneet ampua meitä. Sitä minä jälkeenpäin harmittelin, etten muistanut ottaa Mikon kotiosoitetta. Kun sotakaveri haavottuu, niin sitä mielellään haluaisi seurata miten paraneminen edistyy. Nythän sitä osoitetta ei sitten tarvitse kysellä mistään.

Tauno: Sinä et Suomalle sanonu, jotta sinä tunnet Mikon ja out ollu sen kansa samassa ryhmässä.

Väinö: En sanonut kun kuulin teiltä miten pirullinen se tuo Joona on ollu evakoita kohtaan. Kertokoon Mikko itse kun tulee huomenna lomalle.

Seuraavana päivänä.

Hilma: Nyt sieltä Joona ja Mikko näkyy tulovan hevosella pihaan. Määtkö sinä Väinö vastaanottamaan Mikkoa?

Väinö: Minä menen.

Pihalla.

Voitto: Säkö Mikko pääseet jo omin apunees reestä ylös!

Mikko: Pääsenhän minä jo keppien avulla. (ojentaa ensimmäiseksi kätensä Väinölle) Terve! Miten ihmeessä sinä olet täällä? Mistä sinä tiesit, että minä tänään olen tulossa lomalle kotiin?

Väinö: Minähän olen täällä lomalla! Minun kotiväkeni on talven asustellut evakkoina tuossa piharakennuksessa! Minä pääsin toissapäivänä lomalle ja tulin tapaamaan kotiväkeäni. Vasta täällä minä sain tietää, että tämä on sinun kotisi! Pääsitkö sinä silloin talvella miten nopeasti sairaalaan?

Mikko: Kyllähän minä pääsin, kun se oli pimeä yö, eikä lentokoneista ollut riesaa. Riienivalla ne laittovat lisää kääreitä ja yrittivät tukkia pahinpia vuotokohtia. Kipinän kenttäsairaalassa lääkintämiehet ja hoitajat laittoivat paremmat siteet ja ottivat pois näkyvillä olevia sirpaleita. Lääkärin olivat joutuneet viemään väkisin nukkumaan. Tietäähän sen kun jatkuvasti tulee uusia haavottuneita, että ei sitä loputtomiin kukaan jaksa valvoa. Se lääkäri oli ollut niin tunnollinen mies, että oli sanonut, että hän ei voi olla antamatta apua haavoittuneille. Lopulla se mies oli väsynyt niin, että toiset olivat joutuneet viemään väkisin petiin. Aamuyöllä sieltä Kipinästä läksi sairasauto Kajaaniin ja minä pääsin siihen kuletukseen.

Väinö: Minä päästään sinut nyt lepäämään rasittavan matkan jäljiltä. Jutellaan sitten enemmän kun olet levännyt. Tarvitsetko sinä apua noustessasi portaita?

Mikko: Kyllä minä jo sauvojen avulla pääsen portaat ylös. Kiitos avuntarjouksestasi ja paljosta muustakin. Jutellaan sitten myöhemmin enemmän!

Sisällä.

Suoma: Miten sää tulit tutuuks tuon Väinön kans. Olikoos se samas paikkaa sielä rintamaalla?

Mikko: Totta kait minä tulin tutuksi hänen kanssaan! Väinöhän oli minun ryhmänjohtaja koko ajan, silloinkin kun minä haavotuin. Minähän jäin aukealle suolle venäläisten linjojen eteen, kun se kranaatti räjähti ihan siinä minun vieressä.

Joona: Miten sää pääsit poies sitten sieltä suolta?

Mikko: En olisi päässyt mitenkään muuten, vaan sitten kun illalla alko tulla niin pimijää, että venäläiset ei nähneet ampua, niin Väinö kävi vetämässä minut omalle puolelle. Siellä minä olisin varmaan vieläkin jos Väinöä ei olisi ollut.

Suoma: Täsä sitä nyt ollahan! Sinä Joona oot koko talaveen ollu niin pirulliinen Väinön kotiväjelle ja nyt see sitten selviis, että Väinö on pelastaanut oman poikasiki kuolemaasta! Saisiit hävetä.

Kaarina: Mitenkäs me nyt iletään näyttäyä enää Väinön kotiväelle?

Kosti: Sanoos muuta. Väinö on oman henkeens uhaten pelastanu Mikon ja meitillä senkuns haukutahan Väinön kotiväkee!

Mikko: Se on nyt ukko sillä tavalla, että kaikkein ensimmäinen tehtäväsi on mennä pyytämään anteeksi Väinöltä ja koko perheeltä! Minä en muutoin voi enää näyttäytyä Väinön ja hänen kotiväkensä edessä. Kukaan ei olisi voinut pakottaa silloin yöllä Väinöä lähtemään niin vaaralliselle reissulle. Hän on itse lähtenyt noutamaan minua vapaaehtoisesti. Jos Väinöä ei olisi ollut, niin minun arkkuni olisi parhaillaan niiden joukossa joita päivällä kantoivat asemalla pois junasta!

Joona: Ei kai täsä sitten muukahan auta.

Hetken mietittyään Joona lähtee kävelemään evakkojen puolelle.

Joona: Auttasko se mitähän, jos minä pyyvän teittiltä anteeks omaa kurjaa käytöstäni teittiä kohtaan?

Hilma: (tuntee olonsa huojentuneeksi) Kukapa meistä lienee niin täyvellinen ihminen, jotta ei tekisi virheitä. Uneotetaan menneet asiet! Onhan se toki ymmärrettävä asia sehi, jotta ei talon väestä tunnu mukavalta kun taloon tuloo asumaan ihan vierasta väkeä.

Joona: Nyt minä vasta käsittähän sen, että jos kaikki suomalaaset oliis tänä talveena ajatellehet vaan omaa etuhaan niinko minä kurja oon tehenyt, niin tuskinpa minäkähän olisin nyt Vainionpään isäntä! Ja sinulle Väinö minä oon ikuiseesti kiitollisuuenvelas siittä, että pelastiit poikaani.

Väinö: Sen suurempaa kiitosta minä en voisi saaha, kun sain nähä Mikon olevan elossa ja menevän sisälle ilman toisten apua. Eikä sitä soassa milloinkaan kaveria jätetä, jos se kyetään jotenkin pelastamaan!

Samana iltana joukko evakoita ja kyläläisiä saapuu Mikkoa tervehtimään.

Kosti: Sinä et Mikko oo vielä palajon kertoonu millaasta siellä sovassa oli?

Mikko: Enkä aio kertoakkaan. Paljon parempi jos ette koskaan tule tietämäänkään!

Kyläläinen: Onkoos se sota miten jännää touhuva?

Mikko: Minun mielestäni aivan riittävän jännää!

Kelekkeä-Ukko: Sitä minä oun miettiny, jotta miten se on oikein maholista, jotta kaikki näyttää soassa haavottuvan joko käsiin tae jalakoihin? Tällähi kylällä on jo kolome semmosta miestä jotka on hoavottunu käsiin ja jalakoihin.

Mikko: No siihen kysymykseen on kyllä melko yksinkertainen vastaus. Jos luoti tai isompi kranaatinsirpale sattuu jonnekin muualle kuin käsiin tai jalkoihin niin ei sellaiset ole enää haavoittuneita! Ne tuodaan kotipitäjään arkuissa!

Seuraavalla viikolla.

Hilma: Joko sinä Väinö jouvut huomenna lähtemään sinne Suomussalamelle?

Väinö: Huomennahan sitä pitää lähteä siinä päiväjunassa Kajaaniin kun se loma loppuu.

Hilma: Myöhän peästään sittä huomenna lähtemään siihen samaan junaan, kun kerran se meille tuli se tieto, jotta soahaan palata takasi kotiin.

Väinö: Kajaaniin astihan sitä päästään yhtä matkaa. Kajaanissa minun pitää jeähä junasta ja mennä Suomussalmelle lähtevään kuljetukseen.

Hilma: Meijän pitää ruveta kokoelemaan näetä vähie tavaroeta, jotta peästään sitte huomenissa lähtemään. Se kyytimieski pitää vielä soaha jostahi joka viepi meijät huomenna tavaroeneen asemalle.

Suoma: (tulee evakkojen huoneeseen) Minä kuulin täsä päiväällä, että te pääsetten huomenissa lähtehen kotia ja eiköös se Väinöki lähre samaan junahan toisten kans!

Väinö: Kyllä se loma on lopussa. Huomenna onviimestään lähettävä.

Suoma: Met täsä kotiväjen kans tuumattihin, että kun oomma viimeestä iltaa yhees, niin tulkaatta illalla meitin puolelle lähtökahveelle ennenku lopullisesti erotahan.

Hilma: Kiitokset emännälle. Eihän meijän takia oesi pitäny niin suurta vaevoa nähä, jotta vielä kahven keittoon!

Suoma: Mikä vaiva siittä nyt oon. Minulla tulehen ihan ikävä kun te läretten pois. Saatihin nähä Väinöki täälä kun sota vihtoinkin loppus.

Talonväen puolella kahvipöydässä.

Joona: Olikoos se niin, että teittin koti oon säästyny palamatta siellä Kuhmoos?

Väinö: Kyllä se pitää paikkansa. Heti kun sota loppu, niin minä näin Luelahdessa yhtä työkomppanian miestä. Hän oli talvella ollut ajamassa heiniä pois sieltä meijän kotikylältä. Ei siinä ihan lähellä ole liikkunut edes venäläisiä partioita. Tervasalmessa ja Hietaperässä on kuulema ollut partiokahakoita, mutta ei siinä meijän kylällä. Jupulinvaaralla oli venäläinen partio yöpynyt ja ne oli lämmittäneet myös tuvan uunia. Talon haulikonpiipulla olivat kuulemma kohentaneet uunin hiillosta. Itärajan pinnassa on Kuhmossa kaikki talot palaneet ja kirkonkylästä ei ole paljon muuta jäljellä kun nokisia raunioita. Korpilinna ja Muorinkioski olivat säästyneet ehjinä, mutta siitä ympäristöstä oli monta rakennusta palanut. Myös kirkko oli pommituksissa syttynyt palamaan, mutta sen ne oli onnistuneet sammuttamaan.

Joona: Mistääs sielä kotihinpalaavat evaakot saa ostettua ruokaa, kun kaikki kaupat oon tuhuttu ja oma karjahi on varmahan vielä evakoos?

Hilma: Sitä samaa asiaa oun minähi miettiny viime aikoina. Peäsitkö sinä Väinö käymään kirkonkylällä ennen lomalle lähtöäsi? Mahtaako sieltä sivilit soaha mitään syötäveä?

Väinö: Olinhan minä muutamia vuorokausia kirkonkylällähi rauhantulon jälkeen. Ei toki sinne kirkonkylälle lasketa vielä siviilejä ollenkaan käymään. Puomi kuulu olevan Multikankaalla ainakin vielä sillon kun minä lähin lomalle.

Hilma: Jos leipää onnistutaan saamaan jostahi, niin kyllä myö jotenni selevitään. Kellari on ainakin kotona täynnä perunoita ja marjoja. Minä vielä syksyllä lähtiissä peittelin kellarin olilla. Toivottavasti perunat ei ou kylymäneet talavella. Minä saen vielä tievon, jotta Isä-Mattihi peäsöö paloamaan meijän mukana takasi kotiin.

Tauno: Heti kun peästään kotiin, niin minä vien katiskan jokeen. Kohta alakaa olla kalan nousuaeka.

Joona: Kyllä se teittin kuhmolaasten kohtalo on ollu tosikova tään talaveen aikahan. Kyllä siinä olis ollut kestämistä jo ilimaankin ja minä vielä käyttäytyhyn sillä tavalla niinku varmahan muistaatte. Meinaa hävettähän vieläkin kun aattelee omaa käytöstähän.

Väinö: Unohetaan se asia kokonaan. Kyllä Mikon kohtalo oli talvella myös siksi kova, että kyllä teijänkin perhe on tästä yhteisestä taakasta oman osansa kantanut. Ja kyllä minä uskon, että jos Vainionpään väki olisi viime syksynä yhtä äkkiä tulla tupsahtanu Kotiniemen pirttiin, niin tuskinpa sitä sielläkään talon väki olisi juuri ilosta rallatellut!

Joona: Me juur äsköön puhuttihin kotiväjen kanssa, että met pistetähän huomenis Kostin kanssa kumpikin hevoonen aisoohin ja lähetähän koko talon väki saattelemaan teittiä asemalle.

Hilma: Voi toki. Eikö siitä tule teille liian paljo vaevoa meijän takia!

Joona: Me juur äsköön puhuttihin kotiväjen.

Joona: Mitä vaivaa siittä meittille on. Met lähetähän mielellään saattelemahan teittiä asemalle.

Hilma: Kiitos isäntä! Sittähän meijän ei tarvihe huomenna kysellä mistää muuvalta kyytinevoa kun lähetään junalle.

Kaarina: Sinä et Väinö ole liikkunut lomasi aikana täällä meidän kylällä juuri ollenkaan. Nyt kun kahvit on juotu ja on viimeinen yhteinen ilta menossa, niin lähdetkö kävelylle, niin minä esittelen tätä omaa kotikylääni sinulle?

Väinö: (punastuu hiukan) Eipä ole tullut paljon tämän

loman aikana kylällä liikuttua. Mukava olisi tulla tuntemaan tätäkin kylää. Lähetään kävelylle!

Kaarina ja Väinö seisovat rinnatusten kylän raitilla.

Kaarina: Tuo punainen rakennus tuolla on meidän kylän osuuskauppa. Tuossa vaaleaksi maalatussa talossa on posti ja puhelinkeskus. Nuorisoseurantalo on tuolla vähän kauempana. Se ei näy tähän.

Väinö: (kiusoitellen) Sielläkö sinä käyt aina tanssimassa?

Kaarina: Kun tuli sota, niin senjälkeenhän tansseja ei ole pidetty. Kävin minä rauhan aikana joskus tansseissa, vaikka isä ei siitä pidä. En minä silti ole isän puheista paljon välittänyt. Olen minä mukana näytelmäkerhossakin ja joskus olen lausunut runoja. Kävitkö sinä siellä kotiseudullasi koskaan tansseissa?

Väinö: En minä osaa tanssia, eikä siellä meijän kylällä ole minkäänlaista tanssipaikkaa. Kirkonkylällä kyllä järjestävät tansseja, mutta ei siellä meijän kylällä ole muuta tanssittu. Minkä nälän ja vilun kanssa on joskus joutunut vähän pyörähtelemään.

Kaarina: (kääntyy katsomaan Väinöä) Uskotko sen, että kun minä esittelin sinulle noita taloja, niin minä tiesin, että sinä katsoit minua, vaikka en sitä itse nähnyt.

Väinö: Mistä sinä sen tiesit?

Kaarina: En sano!

Väinö: Kyllä sinä taisit arvata ihan oikein (hymyilee) Enkö minä olisi saanut katsoa?

Kaarina: Saat tietysti!

Väinö: Sinulla on niin kauniit vaatteetkin. Oletko sinä ommellut ne itse?

Kaarina: Nämä on jo vanhat. Viime talvena olin kansanopistossa. Siellä minä nämä pukineet valmistin. Tänä talvena en ole joutanut ompelemaan itselleni vaatteita. Minä olen kutonut sukkia ja ommellut lumipukuja sotilaille.

Väinö: Mistäpä tietää vaikka minullahi on ollut sinun ompelema lumipuku ylläni.

Kaarina: Eihän sitä voi tietää. Entäpä jos olisi ollutkin?

Väinö: Siinä tapauksessa minä säilyttäisin sen muistona sinulta, vaikka se on jo rikkinäinen.

Kaarina: Onhan minulla omia kutomia villasukkia. Minä annan yhdet sinulle muistoksi tästä illasta.

Väinö: Kiitos! Niissä sukisssa on vaan yksi pieni vika.

Kaarina: Mikä vika?

Väinö: Minä en voi koskaan laittaa niitä sukkia jalkaani. Minä säilytän ne muistona sinulta!

Kaarina: Entäpä jos käykin niin, että me vielä joskus tavataan toisemme?

Väinö: (puristaa Kaarinan rintaansa vasten) Minä toivon, että tavattaisiin!

Kävelylenkin jälkeen.

Kaarina: Tällainen se tämä minun kotikyläni on. Kummallakin puolella ovat näköjään menneet jo nukkumaan. Sinun kanssa on tosi kiva jutella. Istutaan vielä jonkin aikaa piharakennuksen tuvassa. Vaikka sitä ei ole enää näin keväällä lämmitetty, niin kyllä siellä tarkenee kun aurinko on päivällä sitä lämmittänyt.

Väinö: Sopii minun puolesta! Tämähän on viimeinen ilta kun olemme yhessä, eikä tänä talvena ole paljon joutanut tyttöjen kanssa raatailemaan.

Tuvassa.

Kaarina: Sinä et ole vielä kertonut minulle, minkälaista siellä sodassa oli? Entä ryssät? Onko ne ihan samanlaisia ihmisiä kuin me suomalaiset?

Väinö: (on hetken vaiti) Sota on niin paha asia, että minä päätin, etten kerro siitä kenellekään. Sinun kohalla minä tällä kertaa teen poikkeuksen. Minä olen tehnyt itselleni selväksi, että ryssä sanaa en suostu käyttämään milloinkaan. Ihan samanlaisia ihmisiä venäläiset on kun me suomalaisetkin. Ihminen on toiselle ihmiselle vihollinen vain silloin kun hänellä on ase. Aseettomat ihmiset ovat kaikkialla samanlaisia. Eivät venäläiset ole tätä sotaa halunneet enempää kuin mekään. Pakkohan heidän on ollut lähteä sotimaan kun johtajat käskee.

Pieni tauko.

Väinö: Saunajärvellä me ajettiin takaa Venäläistä partiota. Vetkossa yhtä lukuunottamatta sen partion miehet kaatuivat. Se yksin jäänyt venäläinen pakeni sisälle autioon talon, eikä suostunut antautumaan. Meijän oli pakko pistää se talo tuleen. Vasta kun talo oli kokonaan liekeissä, se venäläinen sotilas juoksi ulos sieltä talosta. Sen vaatteet oli kokonaan liekeissä ja se tuskanhuuto oli kamalaa mitä se kuoleva ja palava venäläinen huusi. Minä olen itsekseni ajatellut, että sen palavan venäläisen tuskanhuuto pitäisi olla kaikkien niiden maailman ihmisten kuultavana, joilla tekee mieli sotimaan. Nyt kun sota on loppunut ja olen saanut yöllä levätä enemmän, niin minä olen alkanut nähä painajaisia. Se palava venäläinen juoksee unessa tiellä minua vastaan ja ojentaa sovinnonkättä ennen kuolemaansa. Minä en voi tarttua siihen käteen, koska se käsi on kokonaan liekeissä ja silloin minä aina herään ja minun on tosi paha olla.

Väinö pyyhkii hikeä otsaltaan.

Väinö: Eikä se sota ole ihmisen hommaa muutenkaan. Kun me talvella ajettiin takaa Dolinin hiihtoprikaatia, niin viikkoon ei ollut muuta lepotaukoa, minkä väkisin sattu suksien päälle nukkumaan. Yhtenä yönä kaikki alkoi nähä aaveita, vaikka oli täyspimeä yö, niin aurinko alkoi paistaa ja puut teki varjonsa hangelle. Yksi mies alkoi huutaa, että varokaa, hyökkäysvaunu tulee päälle! Kaikki toisetkin alkoivat nähä hyökkäysvaunuja, vaikka niitä ei totellisuuvessa ollut olemassakaan. Ei soasta pitäisi puhua mitään. Puhutaan jostakin muusta sellaisesta kivasta asiasta!

Kaarina: Puhutaan vaikka siitä, miltä minun kotikyläni näytti kuhmolaisin silmin katsottuna!

Väinö: (ilahtuu puheenaiheen vaihdoksesta) Kyllä se asia tuli mieleeni kun illalla kävelimme kylällä. Kyllähän täällä elämä on paljon vauraampaa, kuin meillä siellä Kuhmossa. Talot ovat isoja ja hyvinhoijettuja, pellot paljon isompia, eikä näy suuria kivirunioita niinkuin meillä siellä Kuhmossa. Kaikki heinä mikä minun kotona kesällä korjataan on joko jäkkiä tai saraheinää luonnonsuolta. Ei meijän lehmät ole vielä tulleet tietämään miltä peltonurmi maistuu!

Kaarina: Viihtyisitkö sinä täällä jos muuttaisit asumaan tänne minun kotikylälleni?

Väinö: En minä oikein osaa sanoa. Silloin lomalle tullessani kun kävelin rautatieasemalta tänne Vainionpäähän, niin ajattelin itsekseni, että minä en ehkä viihtyisi täällä Pohjanmaan lakeuvella. Minä olen tottunut liikkumaan metsissä. Kuhmossa on laajoja metsiä ja korkeita vaaroja mistä näkyy siintäviä järvenselkiä. On suuria järviä ja mahtavia koskia. Ja vaikka minun koti on köyhä, niin silti minä olen täällä lomalla ollessani alkanut kaivata sitä.

Kaarina: (kääntyy katsomaan Väinöä) Onko sinulla koskaan elämässäsi ollut sellainen tunne, että olet onnellinen?

Väinö: Siihen kysymykseen on kyllä vaikea vastata. En minä koskaan ole tullut sitä sillä tapaa etes ajatelleeksi. Mutta jotenkin minulla on sellainen tunne, että kun kesällä tuomi kukkii Kotiniemen pihamaalla, pääskyset lentelevät korkealla poutataivaalla, Pitkäjärvi on tyyni ja käki kukkuu rantakoivussa, niin olen minä silloin ainakin puoleksi onnellinen.

Kaarina: (tarttuu Väinön käteen) Sanoit olevasi puoliksi onnellinen? Mitä sinulta puuttu sellaista, että sinä voisit olla kokonaan onnellinen?

Väinö: (nostaa vapaana olevan kätensä Kaarinan hartioille) Se toinen puoli istuu tässä vierelläni!

Kaarina: (hämillään) Luetko sinä koskaan runoja?

Väinö: Empä juuri muuta, mitä nyt kansakouluaikana koulukirjoissa sattui olemaan. Siellä meilläpäin on vähän sellaista. Sitä pijettäisiin vähän lapsellisena jos miehet alkaisivat lukea runoja.

Kaarina: Ethän pahastu tai naura jos minä luen sinulle yhden runon ulkomuistista.

Väinö: No minä ainkin yritän olla suuttumatta ja nauramatta. Lue vaan. Minä haluan kuulla sen runon.

Kaarina:

Se ilo mi kasvavi murheesta,
se yksin on oikea täällä
ja ethän kansani kallis sa,
ole kulkenut kukkien päällä,
mutta niin jos sa kestät onnesi uuden,
kuin kestit sa murheen ja onnettomuuden,
niin olet sä kansa, mi kaikki voi.
Älä horju, Suomeni oi!

Väinö: Sehän oli kaunis runo. Sinä osasit lausua sen vielä niin kauniisti. Lähetkö huomenna saattelemaan meitä asemalle?

Kaarina: Lähden tietysti!

Väinö: Saanko minä asemalla halata sinua ennen junan lähtöä, jos äitisi ja isäsi ovat näkemässä?

Kaarina: Tottakai! Mitä pahaa siinä on?

Väinö: Ei tietenkään mitään pahaa. Minä vaan kysyin. Joko lähetään nukkumaan?

Kaarina: Lähdetään vaan.

Väinö: Hyvää yötä sinulle ja näe kauniita unia!

Kaarina: Hyvää yötä!

Esirippu

VII. Näytös

Seuraavana päivänä rautatieasemalla.

Joona: (ojentaa kaksi käsissään olevaa pakettia Hilmalle) Täsä on leipää ja palvattua sianlihaa kotihin viemisiksi. Pääsetten alkuhun sielä Kuhmos, jos sielä ei saa ostettua ruokaa mistähän.

Hilma: Kiitos isäntä ja Jumalan siunausta ja kaekkea hyvää teille jatkossahi! Toivotaan, jotta Mikko tuloo pian terveiksi.

Väinö: (tarttuu Mikon käteen) Koitahan tulla terveeksi. Pijetään yhteyttä!

Mikko: Kirjoitellaan joskus. Yritähän pärjäillä jatkossakin, sentään selvisit hengissä koko sodan ajan!

Suoma: Hyvää kotimatkaa ja jumalan siunausta teille!

Kotiniemeläiset: Hei!

Vainionpääläiset: Hei, hei!

Kaarina ja Väinö seisovat vielä hieman sivummalla asemalaiturilla kahdestaan.

Kaarina: (ojentaa pienen paketin Väinölle) Tässä on ne villasukat, jotka minä lupasin sinulle antaa. Siellä Suomussalmella on varmaan vielä täysi talvi. Toivotaan, että nämä on lämpöiset.

Väinö: Kiitos! Kyllä nämä lämmittää minun mieltähi, eikä vaan jalkoja, kun minä tiijän, että nämä on sinun kutomat. (ottaa taskustaan esille pienen korun) Kun olin pieni poika, niin isoäitini antoi tämän korun minulle vähän ennen kuolemaansa. Siitä saakka olen pitänyt korun mukanani. Tämä koru oli mukanani myös soassa. Se oli taskussani silloinkin, kun Luelahessa kävin yöllä hakemassa veljesi sieltä suolta. Isoäitini sanoi minulle, että tämä koru on hyvän onnen tuoja. Hän kertoi minulle, että vanhan uskomuksen mukaan tämä koru on siitä erikoinen, että vaikka sen antaa jollekin toiselle, niin se palaa luovuttajalleen takaisen ja tuo mukanaan hyvän onnen. Minä annan tämän korun nyt sinulle. Jos isoäitini kertoma ikivanha tarina pitää paikkansa ja koru palaa takaisin luokseni, niin uskon, että silloin myös Kaarina Ängeslevästä tulee Kaarina Komulainen!

Kaarina: (kietoo kätensä Väinön kaulalle) Jos Suomi selvityy tästä ja me saamme elää, niin isoäitisi kertoma tarina pitää paikkansa ja koru palaa luoksesi! Muista kirjoittaa minulle!

Väinö: Muistan varmasti!

Junan antaa juuri lähtövihellyksen.

Väinö juoksee vaunun portaille. He ehtivät vielä heilauttaa kädellään lähtötervehdyksen toisilleen ennen kuin juna lähtee lipumaan kohti Kajaania.

Loppu